啟動聰明學習腦

東大教授專為小學生編寫活用大腦學習法

池谷裕二／監修　OZEKI IZAMU／繪圖　陳雯凱／翻譯

親子一起學！
打造充滿
幹勁的大腦

前言

大家在學習上有過什麼煩惱呢？

「我明明已經很努力讀書，卻都考不好……」

「我希望可以找到更輕鬆考取高分的方法！」

呵、呵！相信大家都曾這樣想過吧！因此，我決定教大家這個活用大腦運作的學習法。

大多數的人認為成績好，靠的是天分和努力。事實上，只要了解大腦的運作，重新掌握學習的方法，就能

讓成績變好。

我在東京大學研究大腦運作，透過科學，更深入了解大腦運作與學習之間的問題，例如：「為什麼大腦會忘記呢？」、「怎麼做才能輕易記住呢？」等。

本書利用漫畫的呈現方式，幫助大家輕鬆愉快的學習，並以容易理解的方式介紹有助於學習的大腦運作和學習祕訣。

希望大家能有效的利用大腦運作來啟動「聰明學習腦」，讓學習更有趣，成績越來越好。

——池谷裕二

小伸與賀也老師的相遇

噹～噹～
噹～噹～
學校教室
接下來，我們要來發國字小考的考卷嘍！
100分的人，會得到一張小花貼紙，請把貼紙貼在小花集點表上。
小花表
山本
吉田
中村
田中
鈴木
田中陸同學
有！
恭喜你，得到貼紙。
中村幸同學
有！
恭喜你，得到貼紙。
間田伸同學
驚！
有！
要再加油喔！
……好。
慘—
【國字】
62
間田伸

回家的路上
唉！我明明很努力讀書……
為什麼一到考試就一個字也想不起來。
無精打采
難道是……
我的頭腦不好嗎？
怦怦
怦怦
怦怦
怦怦
沒那回事！
咦？
是誰？
什麼？
嗯？
呵呵呵呵呵
哇！
嗨！
現身

初次見面，小伸。
捲
捲
捲
為什麼他會知道我的名字？
怦怦
怦怦
怦怦
怦怦
學習的東西有沒有記住，跟頭腦好不好沒有關係喔！
微笑
只要懂得大腦運作和正確的使用方式，每個人都可以好好記住唷！
咦！原來是這樣啊！
但……叔叔您是誰啊？
我要按下警報器了喔！
等等、等等……

我是研究大腦運作的大腦博士。
我的名字叫池賀也，可以叫我「賀也老師」。
不要叫我叔叔啦！
博士？
大腦的運作與使用方式啊……
叔叔，你可以教我嗎？
不要叫我叔叔啦！
好！交給我吧！
讓我來教你大腦的運作與使用方式吧！
我們很快就會再見面了！
急忙跑走
跑掉了……
真的沒問題嗎？

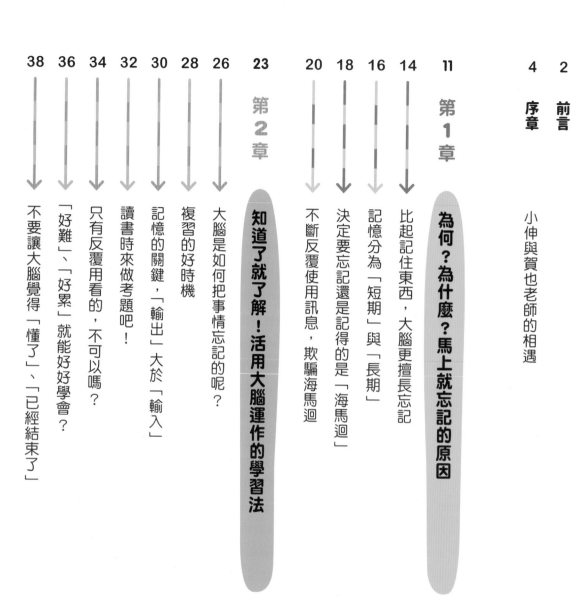

想知道更多

特別附錄 打造充滿幹勁的大腦

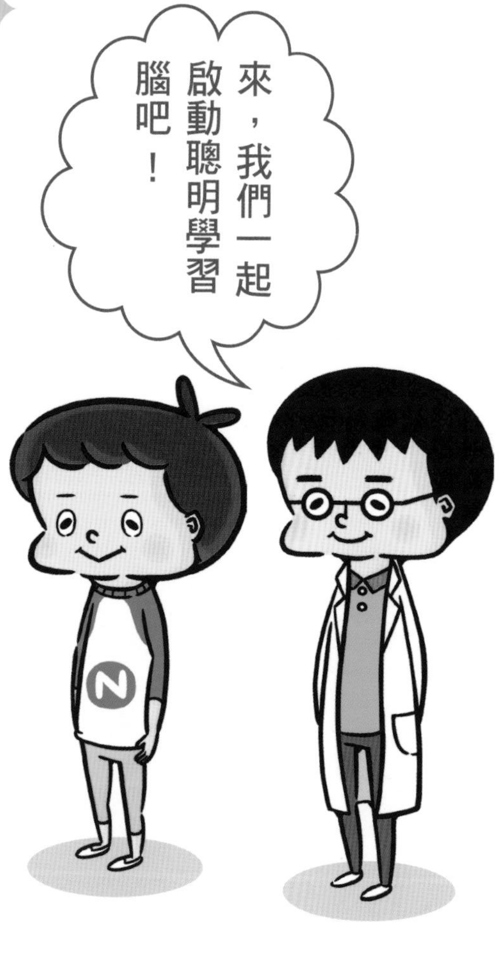

來，我們一起啟動聰明學習腦吧！

第1章
為何？為什麼？馬上就忘記的原因

已經記住的東西，為什麼還會忘記呢？
啟動「聰明學習腦」，首先要知道
大腦是怎麼把東西記起來，
又是怎麼把東西忘記的！

成績不太好吔！
我真的有努力念書……
但是只要一到考試就想不起來。
到底「ㄐㄧˋ ㄐㄧㄝˊ」要怎麼寫啊？
這樣寫啊！
快速寫出
季節
對啊！就是這樣寫！我應該要記得的，為什麼會忘記怎麼寫……
咦？
這是正常的喔！
轉頭

嗨！
啊！賀也老師！
唉呀！一直心情不好也不是辦法。
好吃
嚐！嚐！
是不是應該快點來學習大腦的運作與使用方式呢？
我的點心……
哇！是小伸的朋友嗎？請慢用！
真帥……
小伸媽媽，您太客氣了。
媽媽，鎮作一點！

比起記住東西，大腦更擅長忘記

大家有沒有過這種煩惱呢？新認識的朋友，在第二次見面的時候卻忘記他的名字了。還有，明明應該要記住的電話號碼、九九乘法表、剛學會的生字等，也因為記不住而曾經苦惱過吧？人為什麼會輕易的就把事情忘記了呢？

這並不是頭腦不好的關係，而是大腦的構造就是這樣。

人類的大腦有著可以記住各種事物的能力。事實上，大腦忘記的訊息量比長期記住的訊息量還要多更多。因此比起「記住」，大腦更擅長「忘記」。

為什麼大腦比較擅長忘記？

因為輸入大腦的訊息非常多！

我沒辦法一次接收這麼多訊息
大腦
不知道該怎麼辦？
讓我進去！
讓我進去！

進入大腦內的訊息非常多，像是你看見的東西、你聽到的聲音、你聞到的味道等。當全部的訊息一起進入大腦時，馬上就會把大腦塞滿。

大腦
跟這邊說再見
只能讓這邊的進入
重要的訊息
不重要的訊息
咦？
好過分！

為了不要塞滿大腦所以做選擇！

只有一定的訊息量可以進入大腦，所以大腦只會記得重要的事情，然後忘記其他事情。

因為大腦會能量不足！

大腦的重量只占全身的 2%，但消耗的能量卻占全身的 20%！雖然它很小，卻是個大胃王，所以它會盡量節約能量。

大腦
吃
吃
大腦
吃
吃

……就是這樣！

記憶分為「短期」與「長期」

把你所看到的、你所聽到的、你所感覺到的訊息放進大腦中，就叫做「記憶」，也就是「記住、記得」的意思。大腦中有兩個地方用來存放訊息，分別叫做「短期記憶」和「長期記憶」。

「短期記憶」是所有的訊息最開始存放的地方。雖然有很多訊息進入短期記憶中，但存放的時間只有短短一下子。

「長期記憶」是用來存放重要訊息的地方。雖然可以放入長期記憶的訊息量很少，卻可以一直存放在裡面。

「短期記憶」的空間雖然很大，但因為有新的訊息一直進來，舊的訊息馬上就被趕出去了。被趕出去的訊息，不是會被忘記，就是會進入「長期記憶」之中。

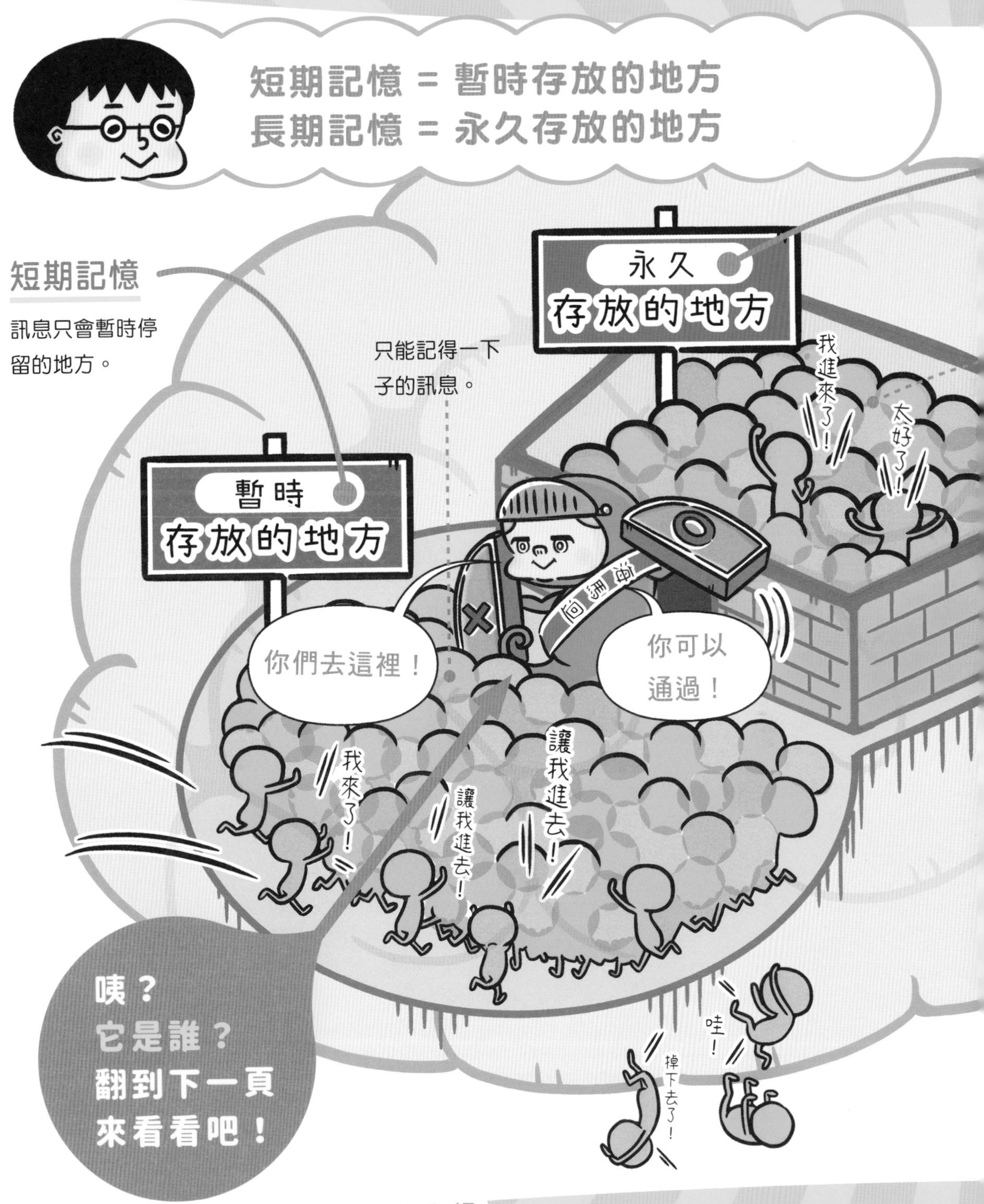

短期記憶 = 暫時存放的地方
長期記憶 = 永久存放的地方
短期記憶
訊息只會暫時停留的地方。
只能記得一下子的訊息。
永久
存放的地方
暫時
存放的地方
我進來了！
太好了！
海馬迴
你們去這裡！
你可以通過！
我來了！
讓我進去！
讓我進去！
哇！
掉下去了！
咦？
它是誰？
翻到下一頁
來看看吧！

初次見面！我是「海馬迴」

我在上一頁有
出現過喔！找
找看吧！
海馬迴

大腦

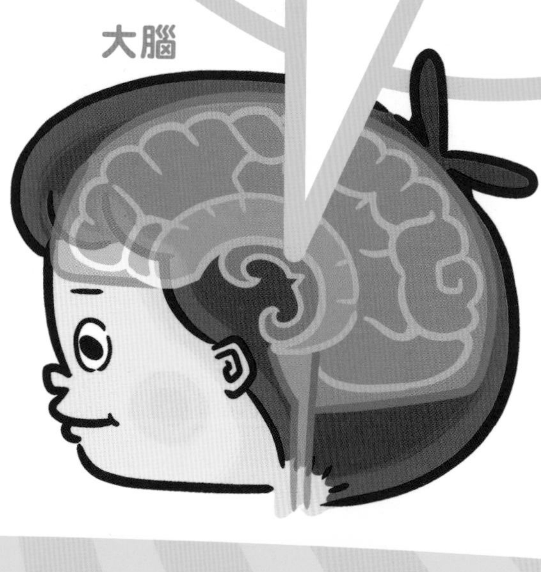

- 在大腦中的這個位置
- 尺寸和小朋友的小拇指差不多
- 長得很像「海馬」

我是「海馬」，
一種小型海洋生物。

進入大腦中的訊息，哪些是會被忘記，哪些又會進入長期記憶，都是由「海馬迴」來決定。

海馬迴位於大腦的深處，它的工作是把進入大腦中的訊息做分類。這個訊息是不能忘記的訊息，還是忘了也沒關係的訊息，要看海馬迴如何分類。即使你一直想著「這件事情非常重要，我一定要記住」，但只要大腦中的海馬迴覺得「這個不重要」，你就會記不住。

那麼，海馬迴是以什麼標準來決定什麼訊息是重要的，什麼訊息是不重要的呢？

不斷反覆使用訊息，欺騙海馬迴

很久很久以前，人類都是以打獵維生，常常會找不到食物、遭到其他動物的攻擊，比起現在更難活得長久。所以，對人類來說，最重要的就是「守護性命的訊息」。

人類的大腦與過去沒什麼不一樣，因此，海馬迴到現在還是會記得「守護性命的訊息」。但在學校學到的東西並不是「守護性命的訊息」，因為生字既不能當食物吃，也不能保護你不要遭受敵人的攻擊。如果想要讓海馬迴把生字與九九乘法表當做「守護性命的訊息」，該怎麼做呢？

你每天都會見到的朋友名字，雖然與性命沒有關係，但你卻不會忘記。那是因為你欺騙了海馬迴「這個訊息常常使用到，一定很重要」。

沒錯，重點就是「反覆使用，欺騙海馬迴」。

啊！是水！
有食物與
有水的地方
沒事的，我在
你身邊。
緊抱
媽媽及同伴的
臉、味道、聲音
吼～～
啊！危險！
可怕的敵人及
危險的地方

明天有考試！
一定要把生字
背起來。
國語
生字與性命
沒有關係，
所以不能進來。
我要寫
很多次！
咦？
還在使用？
反覆使用！
習題
也要做！
這個生字一直被
使用，一定是很
重要的字！
海馬迴
海馬迴被騙了！
考試
大成功！
想記住的訊息，就要反覆使用！

想知道更多①

因為大腦覺得差不多就好，反而對判斷有幫助

你也曾這樣過嗎？希望自己可以像照相機和電腦一樣，只要按下按鍵就能將所有的事情記住，這樣考試的時候便不會寫錯，才能考到滿分。

但是，把細節全都記起來，也是有困擾的時候唷！

你的朋友就算感冒戴了口罩，你也會知道他是誰，但電腦不會知道，因為電腦會把臉的各個角落都記下來，「雖然眼睛長得一樣，但嘴巴長得不一樣，所以不是同一個人」，因此會判斷錯誤。

你會知道這個人是你的朋友，是因為你的大腦覺得「差不多就好」。只要重要的部分相同，就算有一點點不同，還是知道這是「同一個人」。

所以大腦的差不多就好，也是很不錯的呢！

第2章

知道了就了解！活用大腦運作的學習法

你有沒有越來越了解大腦運作了呢？
在第2章裡，將會介紹把東西記住的祕訣。
比起一般的學習法，
你將會學到「能記得更多的學習法」！

讀書好煩啊！但是大腦這麼擅長忘記，也只能努力學習了。
哇！
哇！
你沒什麼精神呢！
嗯？
嗨！
……
因為我再怎麼讀書，大腦就是記不住啊！所以我可以玩的時間都沒了。
你怎麼沒嚇到？
轉頭
別失望！
嘿嘿
再多了解一點大腦的運作，只要學會善用大腦學習就沒問題了！
嗯！

真的能讓我好好記住嗎？
當然！
會讓我有時間玩嗎？
交給我吧！
那……我會變得受歡迎嗎？
呵呵
臉紅
轉頭
這……會不會呢？
總之，記憶力變好是……
呵呵呵呵
一定會的！
怎麼做？我煩惱好久了！
快點告訴我！
好！我們就來具體介紹一下大腦的運作與學習方法吧！

原來一轉身就馬上把事情忘記的人，不是只有我自己！

忘記事物時的「遺忘曲線」

假設現在要記得十個沒有意義的事情，一開始會忘記一大堆，然後再一個一個慢慢忘記。

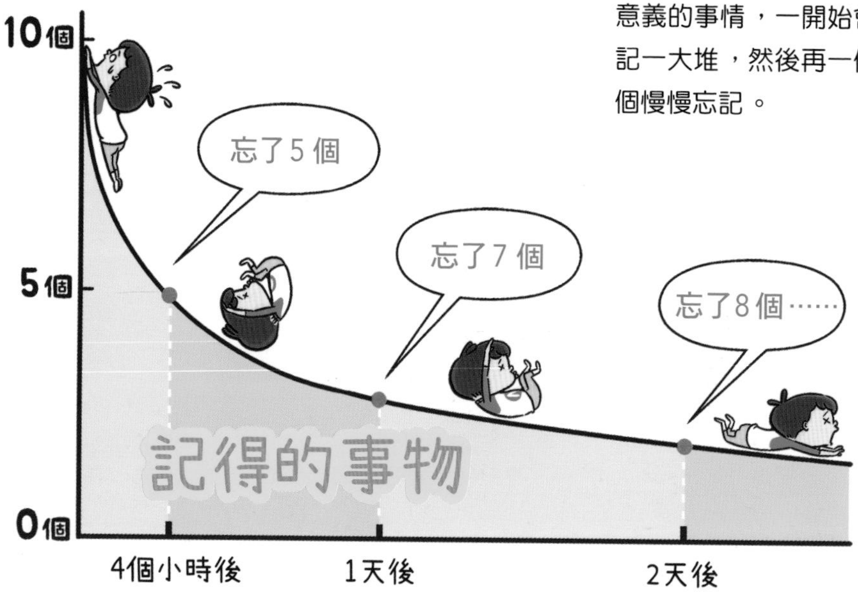
10個
5個
0個
忘了5個
忘了7個
忘了8個……
記得的事物
4個小時後
1天後
2天後

為了能好好的和忘東西的大腦相處，首先要了解大腦的忘記過程。

有一位名為赫曼・艾賓豪斯的德國心理學家，做了一個實驗，想測試人類會多快忘記事物。結果，從這個實驗中得知，不管是誰，忘記過程都是一樣的。

事情一記住馬上就會忘記，但過了一段時間後，忘記的速度就會開始變慢。把這樣的忘記過程用圖表記錄下來，就是「遺忘曲線」。

透過複習，就可以讓忘記的速度變得慢一點唷！

複習時的「遺忘曲線」

只要複習曾經學習過的東西，忘記的速度就會變慢。只要把曾經忘記的事物想起來，對那件事情的記憶也會變得更長久。

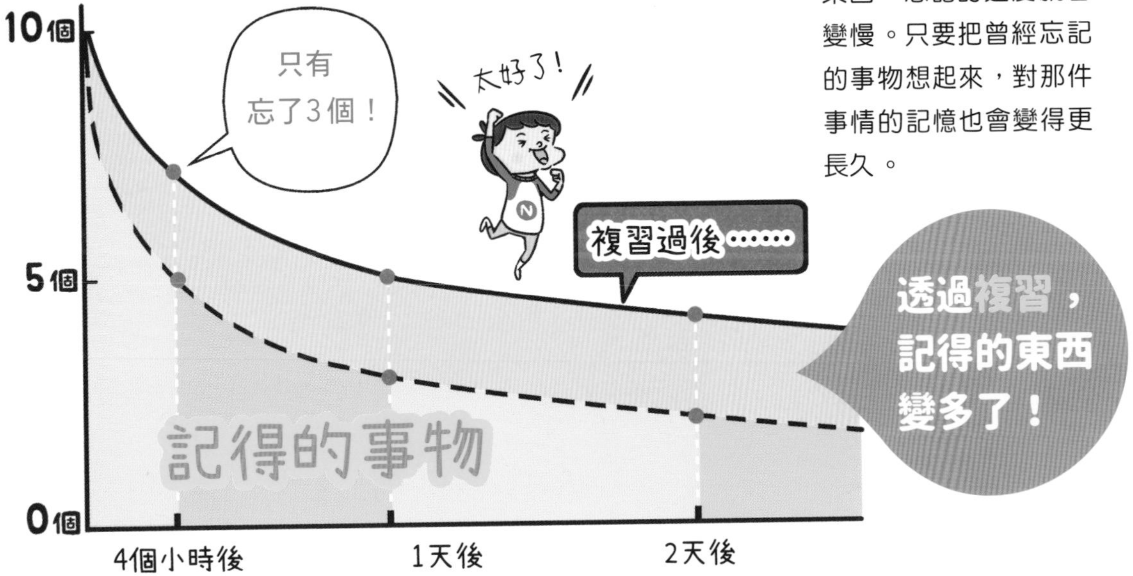

10個
5個
0個
4個小時後
1天後
2天後
只有忘了3個！
太好了！
複習過後……
透過複習，記得的東西變多了！
記得的事物

那麼，到底記憶力好和記憶力不好的人有什麼不一樣呢？其實就看他有沒有好好使用適合大腦的學習法了。

你是不是把東西記下來之後，就放在那裡不理會了呢？如果是，「記得的事物」就會一直減少。

但是，只要再複習一次曾經記得的事物，重新再記一次，記憶就會變得持久唷！遺忘曲線下降的程度會變慢，忘記的量也會減少。

以背十個東西來看，只要複習一下，四小時後所留下來的記憶量，也會從原本的五個增加到七個。

複習的好時機

大家都知道「複習很重要」。那麼要在什麼時候、複習到什麼程度才夠呢？選擇忘記這個訊息或記得這個訊息的是大腦中的海馬迴，海馬迴大概在訊息進入後一個月左右會開始對訊息做選擇＊。只要在這段期間反覆把訊息回想起來，海馬迴就會把它當成「重要的訊息」，然後記下來。如果沒有這樣做，這個訊息就會被當成「不重要的訊息」而被遺忘。

因此，在學習新事物之後的一個月內，複習很重要！

但是，如果只是每天隨便複習，那也是白費力氣。在各種的實驗結果下可以知道，大腦的運作可區分為左表中的時間點，從一開始的一個月先複習五次，接下來一個月複習二次，總共複習七次。

如果我能做到這裡，就一輩子都不會忘記了！
複習！
我能記得這麼多唷！
60
（天後）

one point

請使用同一本參考書複習吧！

複習時，建議使用同一本參

＊編按：目前學界對海馬迴的功能尚未有定論，此為作者擇一論述。

複習的好時機是？

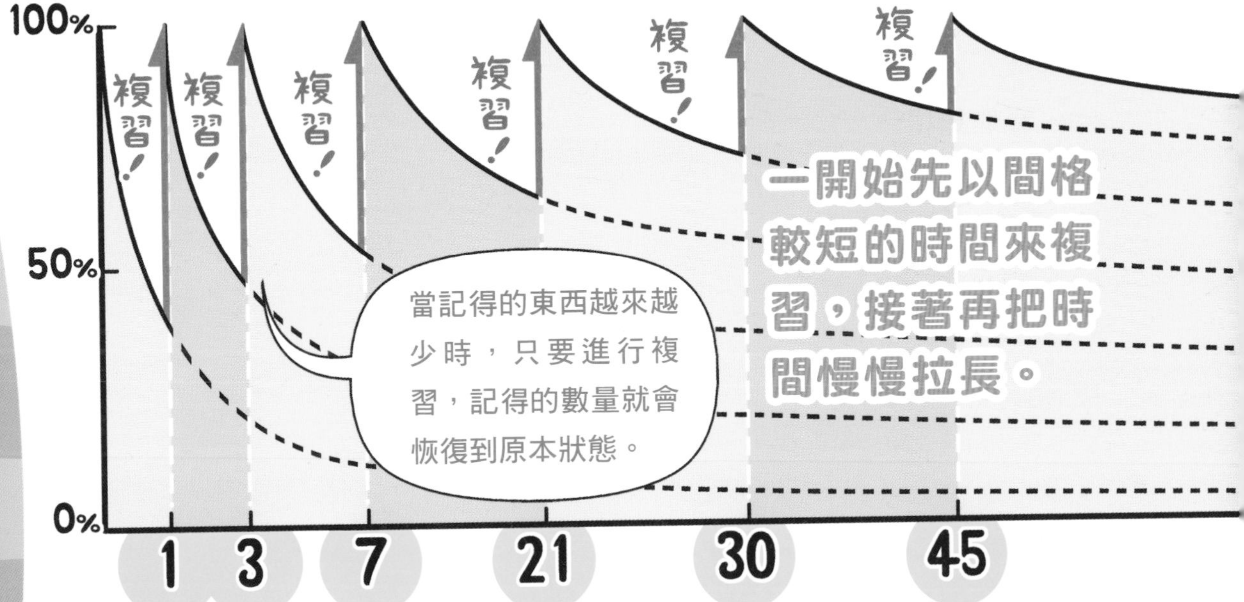
100%
50%
0%
複習！
複習！
複習！
複習！
複習！
複習！
當記得的東西越來越少時，只要進行複習，記得的數量就會恢復到原本狀態。
一開始先以間格較短的時間來複習，接著再把時間慢慢拉長。
1
3
7
21
30
45

2個月複習7次！把複習時間慢慢拉長

嗯？這是新訊息嗎？
大腦
才念過一次不用記得也沒關係吧！
用新的書來複習吧！
新
国語

考書和練習本。如果一直換別的書來複習，大腦就會以為這是「新訊息」，無法達到複習效果。

記憶的關鍵，「輸出」大於「輸入」

大腦的運作還有一個特徵，那就是訊息「輸出」比「輸入」更重要。

「輸入」指的是拿出課本學習、將筆記拿出來再看一次等，把訊息放入大腦中的意思。「輸出」則是回答別人問的問題，把放進大腦中的訊息拿出來使用的意思。

當然，如果沒有輸入就沒辦法輸出。因此，為了能記住輸入大腦的訊息，把訊息輸出就可以更快記得，因為海馬迴是這樣想的，「這件事情常常被回想起來，常常被拿出來使用，那麼，它一定是很重要的訊息，一定要記得！」

輸出
問題1. 請寫出星座的名稱。
答案
獵戶座就是正中間的3顆星星～

能「輸出」多少，是記憶的關鍵！

讀書時來做考題吧！

考試寫錯了
也沒關係唷！
學習！
努力讀書！
寫
寫
寫
寫
寫

你覺得為什麼要有考試呢？考試是為了確認你有沒有記得學習的東西嗎？的確，大部分都是因為那樣，但實際上，在「輸出」的學習法中，最有效果的就是考試了。所以，如果你才剛學到新東西，還沒辦法好好記住時，我推薦做一做跟考試題目一樣的練習本。

就算寫錯了也沒關係！如果出現不會的題目時，「是那樣吧？還是這樣呢？」的思考也會充分讓你的頭腦運轉。這樣做，是在回想答題時的提示，比起一開始就告訴你「答案就是這樣」，這個方法可讓你更快理解。

讀書時做考題有什麼意義嗎？

思考、想像的時候，就能變成提示！

就算你不知道答案，還是可以用自己的方式想像、思考。這樣做，等之後回想起來，就會變成提示。

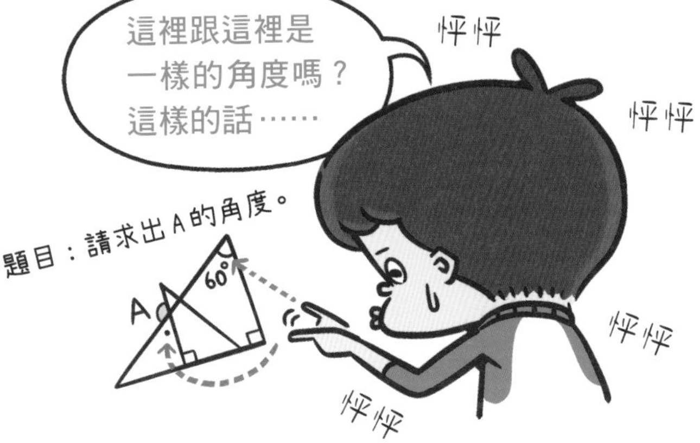
這裡跟這裡是一樣的角度嗎？這樣的話……
怦怦
怦怦
怦怦
怦怦
題目：請求出A的角度。
60°
A

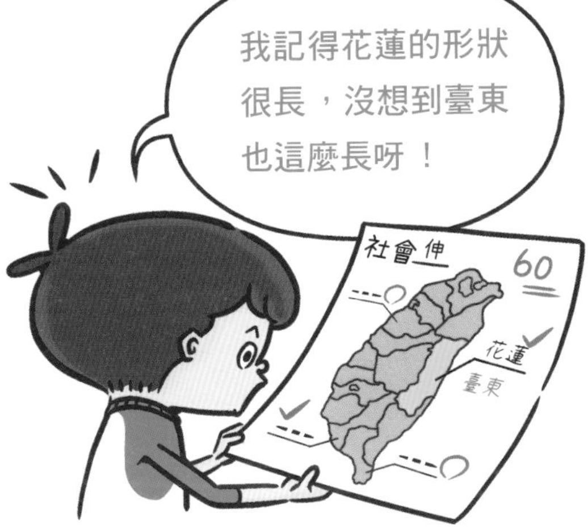
我記得花蓮的形狀很長，沒想到臺東也這麼長呀！
社會伸
60
花蓮
臺東

寫錯時更能加深記憶！

讀書時做考題，就算寫錯了也沒關係！寫錯的經驗，會變成下次回想起答案時的提示。

讓「輸出」練習成為習慣！

在重要的考試時，常常會因為緊張，然後腦袋一片空白對吧！但是，只要在讀書時做考試中回想答案的練習，就可以變得「很順利的回想起來」！千萬不要輸給重要時刻的緊張。

輸出練習

……所以推薦你讀書時做考題喔！

雖然有點突然，但在這裡要請你挑戰2個題目！

第1個題目

請你看著放在這裡的七枚一元硬幣。不管是誰，幾乎每天都會看到一元硬幣吧！

那麼，以下的七枚硬幣中，哪一枚才是正確的？

第2個題目

下圖分別是滅火用的滅火器，以及人突然昏倒時，用來救命的AED（自動體外心臟電擊去顫器）。不管哪一個，都是在發生緊急狀況時非常重要的東西。在你的生活周遭，哪裡會放這些東西呢？你想得起來嗎？

不管是哪一題，大多數人都想不太起來吧？

明明不管是誰，幾乎每天都會看到一元硬幣，卻沒辦法想起哪一枚才是正確的。明明在學校或車站等地方設置了很多滅火器和AED，但卻想不起來到底放在哪裡。

你認為是為什麼呢？

沒錯，人類如果只是看著，幾乎是無法記得的。

所以不只是訊息「輸入」重要，訊息「輸出」也是非常重要的。

「好難」、「好累」就能好好學會？

不管是誰都曾想過「希望可以輕鬆的就把東西記下來」、「好想知道適合自己的學習法是什麼」吧？

但很可惜，這樣的想法並不正確。

根據一個實驗，比起總是閱讀簡單文章的人，時常閱讀困難文章的人，在考試中所得到的分數，比前者多了將近兩倍。

因此，這明確顯示出，「比起簡單的東西，有一點難度的東西，會更容易被記住」。

比起簡單的書，選擇困難的書來讀

比起簡單的書，若選擇有一點難度的書來讀的話，更容易記在頭腦裡。

大腦
小伸好像很努力讀書呢！這些一定是很重要的東西。

雖然很難，但我還是要努力讀書。

比起太簡單的參考書，請使用能讓你動腦想一想的參考書；與其用眼睛看，不如動手寫下來。那樣的話，你覺得「很難」、「很累」的部分，都可以順利記下來。

太簡單就能得到的東西，馬上就會忘光。

只要有努力過，不管是誰都能記得住！大家都一樣喔！

比起先看答案，不如再動腦想一想

做題本時如果寫錯了，請不要馬上看答案，再思考一下、回想看看，就會學起來！

不要看答案，再自己思考一下！
答案
2.56
×5
11.80
0.24
×6
1.24

不光只是看，要動手寫下來

想要把什麼記下來的時候，不要只是用眼睛看，最好試著動手寫下來，會更容易記住喔！

雖然有點麻煩，但還是寫下來吧！
寫
寫
寫
寫

不要讓大腦覺得「懂了」、「已經結束了」

俄國心理學家布魯瑪・蔡加尼克做了一個有趣的實驗，實驗的內容如下：

1 首先，讓一個人做「組裝箱子」、「捏黏土」等很多簡單的工作。

2 做的時候請他先完成幾個，然後暫停幾個做到一半的工作，接著換做下一個工作。

3 最後問他「你記得哪一項工作？」時，沒想到他最記得的是那件做到一半的工作呢！

因為大腦「想要做到最後、想要完成」的心情很強烈，就會很在意做到一半的工作，而牢牢記在腦中。這樣的大腦特徵，一定要活用在學習上。

假設你今天要讀國語、數學、自然這三個科目。

平時都是讀完國語再讀數學，感受到「我懂了」、「我做完了」的心情後，才再繼續讀別科。那麼，你可以故意停在「還能再讀一點」的地方，然後先去讀其他科目。

這樣的學習法叫做「交互學習」。「交互學習」可以提起大腦「想要把它做完」的幹勁，因此花一樣的時間念書，記憶效果卻會提升。

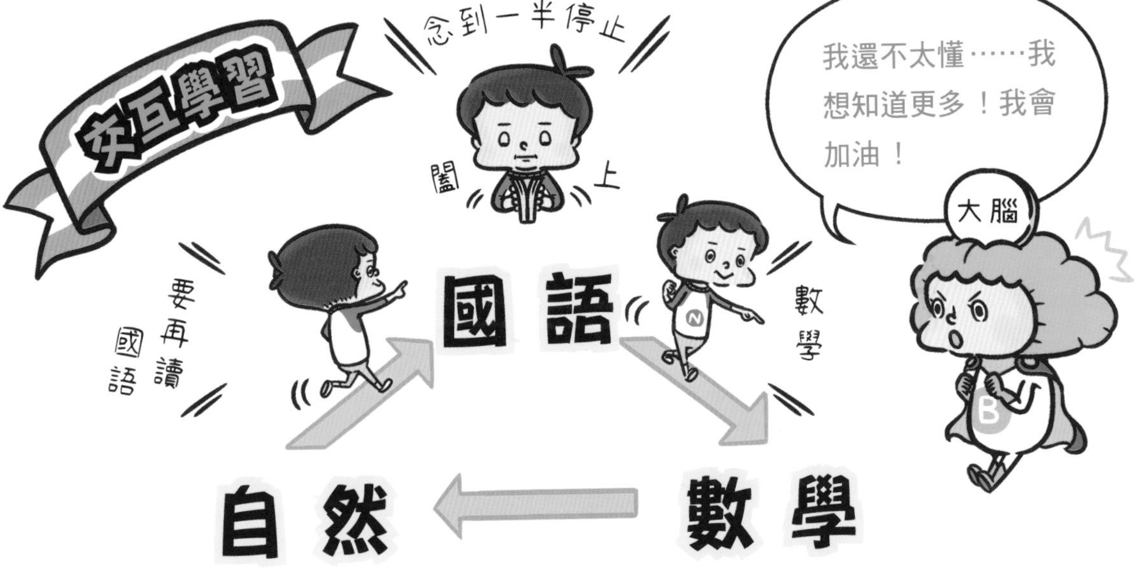
交互學習
念到一半停止
闔上
我還不太懂……我想知道更多！我會加油！
大腦
要再讀國語
國語
數學
國語
數學
自然

沒有做完的事情，
會增加大腦的幹勁喔！

打造可以好好讀書的環境

①不要「一邊……一邊讀書」

讀書的時候就只能讀書！這聽起來很理所當然，但真的非常重要。關掉電視和手機、收起眼前那些讓你想玩的玩具或漫畫，以及讀書時用不到的東西，把周遭整理乾淨，更能集中精神。

②不要待在太安靜的房間裡

雖然不能使用電視和手機，但大腦也不喜歡太安靜的房間。

聲音最好是雨聲、風聲、河流等大自然的聲音。如果沒有大自然的聲音，冷氣或電風扇的聲音也比沒聲音來得好。當然，讀書安靜但有一點人聲的圖書館也很適合。

③ 跟朋友一起念書

比起一個人吃飯，大家一起吃飯比較好吃，比起一個人看電視，大家一起看比較開心，對吧？

人類，比起自己一個人做些什麼，和別人一起做的時候更會產生各式各樣的感情，也會拓展興趣。讀書也是，和別人一起讀書，較容易記得住喔！

※ 有關感情與興趣，會在46至49頁中詳細說明。

④ 用端正的姿勢、好的表情來念書

笑臉可以提起幹勁，抬頭挺胸可以提升注意力。你可能會覺得不可思議，但這是有科學根據的。

所以「因為提不起勁，所以不讀書」，完全是藉口。正想著「我不想讀書」的時候，請先做出端正姿勢和好的表情吧！向上揮拳或是做出「太好了」的姿勢都可以唷！

※有關幹勁，會在72至75頁中詳細說明。

⑤準備獎勵

像學校老師會給你「你做得很好」的貼紙一樣，準備一點「獎勵」，對提升成績也會有幫助。

獎勵也可以自己給自己，例如「題目做到這裡的話就可以吃點心」或「複習七次後，就可以買新的漫畫」等。

但是，如果設定了像是「如果沒做到就扣零用錢」等處罰，小心反而會讓成績變差。

⑥偶爾換個地方讀書

讀書讀到很累時，也可以移到客廳或去圖書館，我很推薦換個地方讀書喔！

在某個實驗中，背英文單字背到一半時，只是換個讀書的地方，分數就提升了1.6倍。如果家裡沒有別的房間可以讀書，也可以在同一個房間換不同的位置讀書。把讀書的道具整理在一個盒子裡，就能快速移動位置嘍！

第3章

誰都可以做得到！增強記憶力學習法

「結果還是要一直複習嘛……」現在嘆氣還太早啦！在第3章將會介紹各種更容易記住事物的方式！

嗯……臺北市的旁邊是什麼城市呢？
啊！煩死了，全臺的城市這麼多，怎麼記得住！
呵、呵！如果是動畫角色的名字，一百個你也記得住呀！
媽媽太敏銳了！
嘿……嗨！
抖
抖
抖
抖
哈哈哈
啊！賀也老師在天花板上！

嘿咻！
咚
閃亮亮超人裡面的角色，記住一百個你覺得很難嗎？
閃亮亮超人
咦，會難嗎？應該說不知不覺就記住了……
就是這個！小伸同學！
心跳加速
你有著連一百個都可以「輕易記住的能力」呀！
的確，認真想想，動畫有一百個角色我都記得住了，全臺的城市才幾十個而已……
有那樣的能力，一定要拿來活用在讀書上呀！
眼睛亮
但是要怎麼做？
呵呵呵，就讓我來教你這個技能吧！
請看下一頁！
老師好帥！
老師好棒！
興奮

用好奇心增強記憶力的「興奮學習法」

喜歡的動畫角色名字，我們很快就記住了，但課本的內容卻總是記不住，這是為什麼呢？

這是因為在好奇心的驅使下，引起興奮而記住的。人在興奮的時候，大腦中會發生什麼事呢？

產生了好奇心後，首先海馬迴會發出類似電波的「西塔波」（θ波）。發出西塔波時，如果有訊息輸入，就算是新的訊息，海馬迴也會覺得「這個非常重要」，然後牢牢記住。

西塔波的效果非常厲害。在大腦的研究中，只要發出西塔波，複習的次數只要原本的四分之一，就能理解。

要怎麼發出西塔波呢？
親眼看看或做做看
這是課本上看到的卷積雲！
這件衣服會不會也是寶特瓶做的？
寶特瓶的回收利用
寶特瓶
布料
纖維
可以聯想到周遭的事物
念書時也找一找讓你興奮事物吧！

觸動感情就能記住的「回憶學習法」

要怎麼讓杏仁核運作呢？

鄭成功
杏仁核
發呆
延平郡王
鄭成功
社會

除了西塔波以外，還有一個東西可以增強記憶力，那就是「感情」。人在遇到開心或悲傷的事情時，會產生「開心」、「傷心」的感情。那是由位在海馬迴旁邊的感情中樞「杏仁核」所產生。海馬迴受到杏仁核產生的感情影響後，就會把當下進入的訊息當

想不起來……
社會 小伸
1. 被後人尊稱為國姓爺、延平郡王的人物是?
答案

想辦法讓自己產生感情吧！

動情！
杏仁核
全開
火力
鄭成功
現在我要
把荷蘭人趕走!
開山王!

歷史劇
國姓爺
傳奇
順暢
順暢
社會 小伸
1.被後人尊稱為國姓爺、延平郡王的人物是?
答案 鄭成功

成「這個很重要」，然後好好記住。

比起從別人身上聽到的事情，我們更能記住自己曾經歷過的「回憶」。這是因為自己經歷過的事情，會使杏仁核產生感情。

所以讀書時，只要觸動感情把想記得的東西變成「回憶」，就能更記得住。

用「獅子學習法」聰明騙過海馬迴

想要同時增強記憶力又能讀書的方法，從在嚴峻大自然中能生存下去的獅子身上，或許可以得到一些啟示。

這個學習法就叫做「獅子學習法」。

為了記住訊息，一定要欺騙大腦中的海馬迴，讓它以為這個訊息是「守護性命的訊息」。「獅子學習法」就是能聰明騙過海馬迴的學習法。

「獅子學習法」的重點有三個：「肚子餓」、「走路」、「覺得冷」。

只要讓海馬迴覺得「咦？好像發生了什麼與性命相關的事情」，就能很快的把東西記下來。

獅子學習法要怎麼做呢？

重點①

肚子餓

對野生的獅子來說，肚子餓可能會死亡，是非常嚴重的事！因此，空腹會讓記憶力提升。如果需要背誦的知識，建議要在吃飯前背。

有志者
事竟成
禍不單行
繞圈圈
繞圈圈
繞圈圈
繞圈圈

重點②

走路

不管是獅子還是人類，在狩獵的時候都是不停的走動、奔跑。狩獵是為了生存的重要時刻，所以只要走路，就能提升記憶力。搭公車或電車等交通工具時，也一樣有效果。

重點③

覺得冷

寒冷的冬天，是難以取得獵物的季節，海馬迴感受到「生命有危險」的意識也會升高。因此，可以降低一點書房的溫度。

充滿活力！

如果你可以①讓肚子餓②一邊走路
③一邊在很冷的地方讀書，就太完美了！

「小步學習法」，一步一步往上爬

「這對我來說太難了！」、「這麼多，我全部背得起來嗎？」

只要一開始讀書，就會像這樣遇到一座非常高的牆對吧？你都是怎麼越過的呢？是盡全力克服還是乾脆放棄算了？

這個時候最適合的就是「小步學習法」。小步指的就是一小步的意思。

例如，如果你覺得

當你覺得很難的時候，就從簡單的開始！

當你覺得二位數的除法很難的時候，比起急著理解，不如先從個位數的除法開始學習，然後再學習二位數的除法，這樣才能更快到達終點唷！

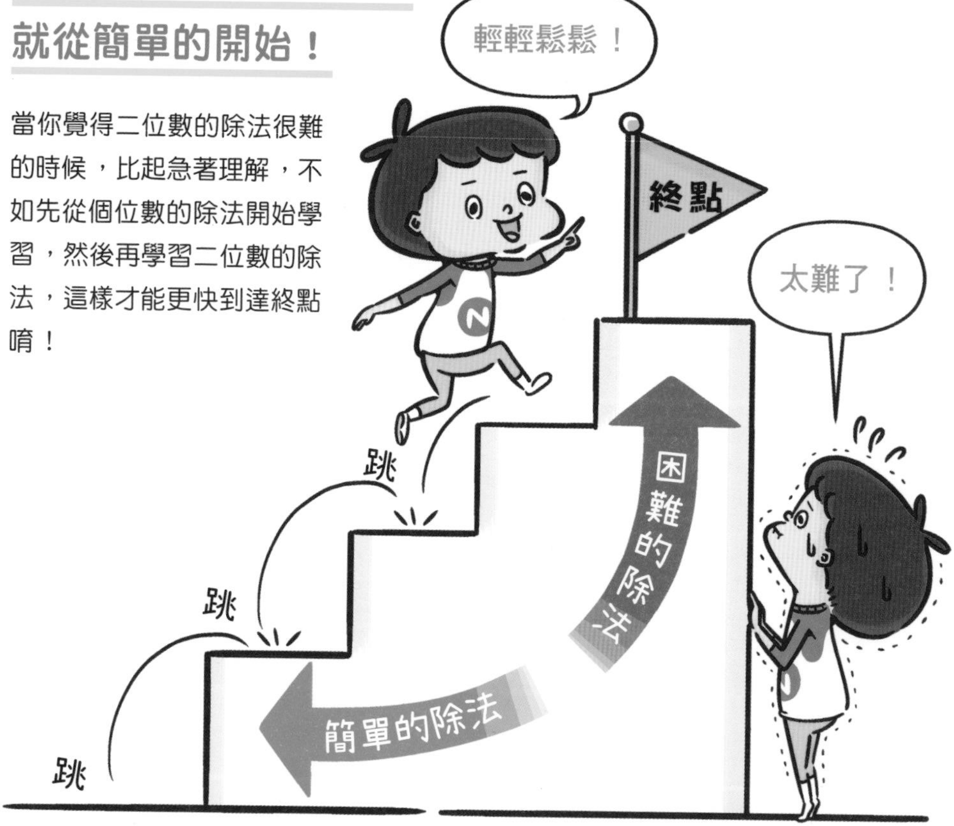

輕輕鬆鬆！
終點
太難了！
困難的除法
簡單的除法
跳
跳
跳

難度太高時，可以先從你懂的地方開始，慢慢提升難度就好；量太多時，不要一次做完，而是分成少量多次做完。

　從簡單的開始循序漸進的做，看起來好像繞遠路，其實才是最有效率的一條路。

　了解自己「可以做到的難度」、「可以做到的量」，用「一小步」一步一步往上爬吧！

雖然全部都要背下來……先把這部分背下來再說！

要背的東西太多時就一點一點背！

如果你想要把全世界的國名都背下來，不要一次背全部，而是先背可以記得的量，每天一點一點慢慢背起來。

要背的東西分成一點一點背！

「小兔子學習法」，用耳朵聽來記憶

讀書時念出聲

把所有的東西都念出聲來太辛苦了。只要把重要的地方，用清楚好聽的聲音反覆念出聲就好！

所謂光合作用，
就是晒了太陽之後，
製造澱粉的過程……
自然
4

舊石器時代
新石器時代
金屬時代～

唱成一首歌

加上音樂唱出聲傳到耳裡，比起單純的念出聲音，更容易記住。

不管是讀課本，還是整理筆記的時候，大家最常用的身體部位是「眼睛」，對吧？

事實上，比起「眼睛」，使用「耳朵」更能記得住。你覺得這是為什麼呢？

只要說到動物怎麼演化的，就可以知道為什麼了。

很久很久以前，比起使用眼睛，動物更常使用耳朵。所以，比起從眼睛看到的訊息，大腦更擅長記得從耳朵聽到的訊息。比起耳朵，眼睛開始發達，變得比較敏銳，已經算是演化後期的事情了。

就算現在已經開始使用眼睛的我們，大腦中還是留有這樣的特質。

在這裡我要介紹的就是「小兔子學習法」。把想要記住的東西念出聲或錄音起來，讓聲音傳進耳朵裡吧！

錄下自己的聲音

事先錄音，反覆用耳朵聽，就能記住。

向別人說明

向別人說明時，不只有助於把記得的事情回想起來，動動嘴巴讓自己的聲音傳到耳朵裡，也是有幫助的唷！

訊息傳入耳中，就能好好記得！

馬上就能使用的學習法，還有很多喔！

除了剛剛介紹的那些學習法之外，還有很多幫助記憶的方法。一起來看看，有沒有適合你的快樂學習記憶法吧！

諧音法

摟一把（618年）
李淵*見糖
摟一把

把想要記住的數字或詞語，放入句子中的方法。在記住歷史年號的時候常常用得到，祕訣是做出一個符合內容的句子！

字首記憶法

把想記住的名詞第一個字排列組合，寫成一句話的記憶方法。想記住很多字或很長一段句子，經常會用到這個記憶法。有個節奏，句子剛好又有含意，就容易記住。

請你拿，假如設法……♪
H Li Na K Rb Cs Fr
（元素符號）

＊618 年，李淵建立唐朝。

額頭是
曹操
鼻子是
劉備
嘴巴是
孫權
曹操
劉備
孫權

黏貼法

在身體的各個部位，例如：眼睛、鼻子、嘴巴等，貼上想背的文字的一種記憶方法。只要想起身體部位，自然能聯想到貼上的文字。

切分法

把想記得的東西切分開來，分成一小部分一小部分來記憶的方法。用11個數字組成的電話號碼，也可以用「－」來區隔記住，國字的「部首」和「主體」也可以分開來記唷！

剪
剪
剪
金
田
立
早

花蓮長得好像人的臉喔！
哈哈哈

看成○○法

把想記住的東西看成其他東西的記憶方式。從各個角度來看的話像什麼呢？請帶著期待的心情想一想。

考試前把擔心的事情寫下來吧！

你會希望在考試的時候好好想起腦袋中記住的東西，對吧？但是，越到大考時，擔心「寫錯了怎麼辦？」就會讓人覺得不安、緊張，結果就想不起來了。這是因為不安和緊張，會對大腦的運作有不好的影響。

因此，我要教你在考試時，怎麼讓頭腦好好運作的「隱藏招式」。

這個「隱藏招式」就是「把不安的事情寫在紙上」，只要這樣做就可以嘍！人最怕看不見的東西，所以把緊張的心情寫成文字，讓眼睛看得見，緊張就會消失，就能感到安心了。一旦緊張感消失，大腦的運作就會變好，然後成績也會跟著變好了。

但是有一點要注意，如果你所寫下擔心的事情和考試沒有關係，或者寫「考試結束後，我要去跟朋友踢足球」等「好事」，就沒什麼效果。把考試讓你不安的地方寫下來吧！

這個方法只要做一次，效果就可以持續很多天。請一定要試試看。

第4章

睡覺也可以學習？睡眠與不可思議的記憶

「為了準備考試，我沒睡覺一直讀書！」
這樣做，其實不適合大腦的運作喔！
第4章將介紹睡覺與學習之間密切的關係。

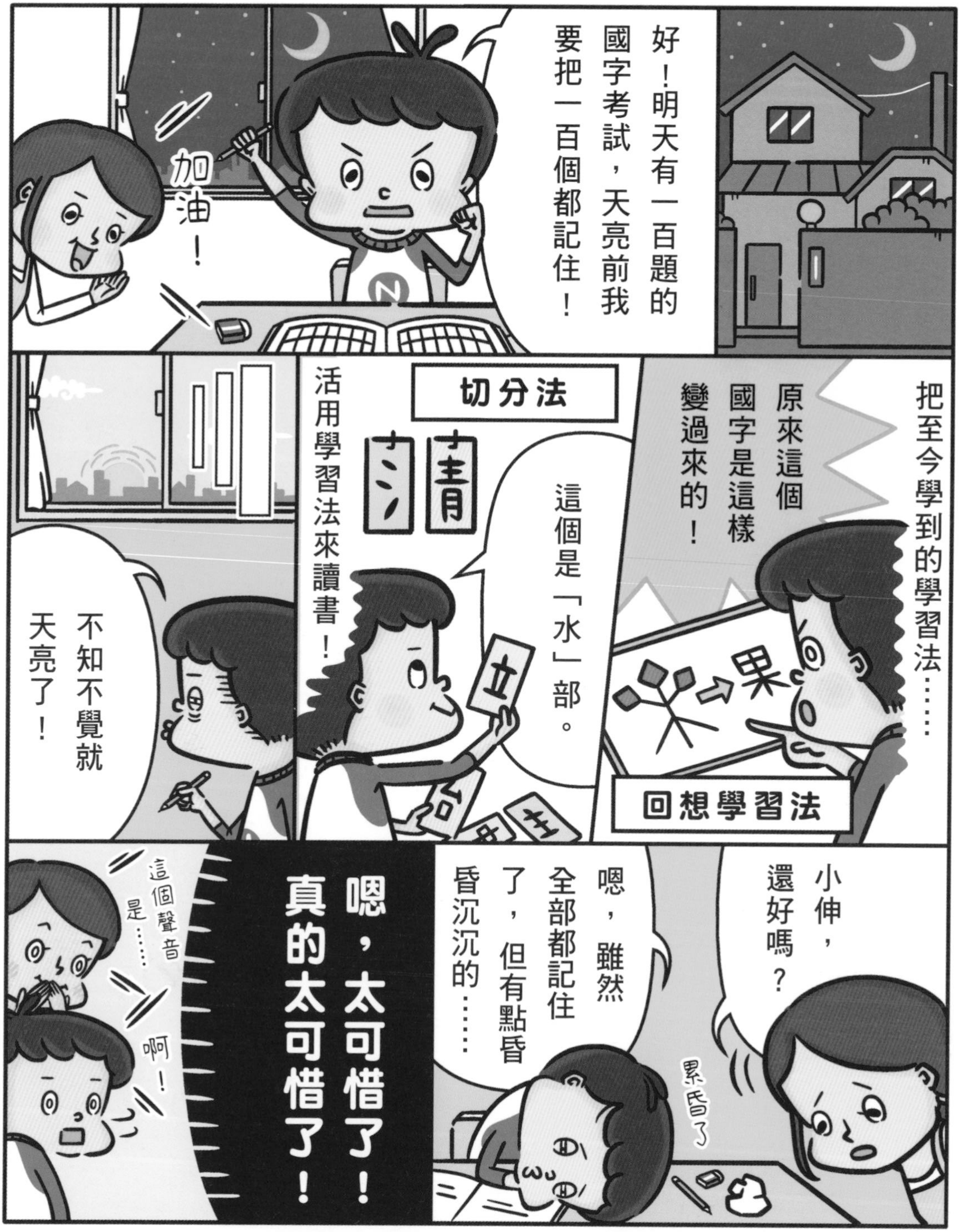

好！明天有一百題的國字考試，天亮前我要把一百個都記住！
加油！
把至今學到的學習法……
原來這個國字是這樣變過來的！
果
回想學習法
切分法
這個是「水」部。
活用學習法來讀書！
不知不覺就天亮了！
小伸，還好嗎？
嗯，雖然全部都記住了，但有點昏昏沉沉的……
累昏了
嗯，太可惜了！真的太可惜了！
這個聲音是……
啊！

Z Z Z
現一身
呼嚕……呼嚕……嗨……
啊！賀也老師！躺在我的床上。
能把東西記到腦袋裡已經很不錯了！小伸。
早安
只是這樣無法把背好的東西好好回想起來喔！
為什麼？
就是因為你沒有睡覺啊！
如果睡著了，我就會忘記啊！
真的會忘記嗎？
呵呵呵呵
其實睡覺之後，大腦中會發生很厲害的事情，你想知道嗎？
緊張
緊張
緊張
我想知道！

做夢是海馬迴認真工作的證明

如果在讀書之後不睡覺的話……

因為你一直把訊息放進大腦，海馬迴沒有時間整理，大腦中的訊息就會變得亂七八糟。

我……我還
不能睡覺……

崩塌——
我整理
不來！
如山一般的訊息

你在睡覺的時候有做夢過吧？但你可能不知道，其實夢的訊息量非常多。據說早上起床時可以記得的量，有一百倍之多。

你會做夢，是因為你在睡覺的時候，大腦中的海馬迴很認真的工作。

寫
寫
寫
寫
咦？答案是什麼？

因為大腦中的訊息散落一地，到了你想要使用的時候，就沒辦法順利回想起來。

清爽
訊息①
訊息②
訊息③
訊息⑤

讀書之後睡覺的話……

在你睡覺的時候，就是海馬迴整理訊息的時間，因此你大概要睡八個小時左右。

在你睡覺的時候，海馬迴就會幫你整理訊息，所以一旦有需要，你很快就可以回想起來了。

嗯！我記得喔！
寫
寫
寫
寫

它把你清醒時放在腦中的訊息拿出來重新整理過了。

但是，如果你不睡覺一直讀書，會變成什麼樣子呢？海馬迴就沒有時間整理訊息。然後，當你想要訊息時，就會回想不起來。

所以，念完書後好好睡覺是很重要的，只要這樣做，在緊要關頭就能很快把訊息取出來。

把睡覺當成是讀書的一部分吧！

只要好好睡覺，馬上就可以「我懂了」、「我做到了」

有一題數學題明明怎麼算都算不出來，過幾天後居然懂了！彈鋼琴時，明明有一段怎麼彈都彈不好，居然睡一覺就會彈了！你有沒有過這樣的經驗呢？

其實，這也是託睡覺和做夢的福喔！在睡覺的時候，海馬迴會整理你思考中的東西、重新再審視一次你手指的活動方式。不過此時做的夢，大部分你都不記得了。

像這樣，只要好好睡覺，原本做不到的事情就做到了，這叫做「追憶效應（Reminiscence）」。

放在頭腦中的東西，只要睡覺就能提升等級，睡覺的力量真的很厲害，對吧？

數學博士正在挑戰很困難的數學題目。但看著題目的時候，卻找不出答案……

鋼琴家想把困難的鋼琴曲順利彈出來，練了好多次都彈不好……

啊！
我想到了！
驚醒
在睡覺的時候，海馬迴會整理訊息，然後就找到數學題的答案了。
就是這一片!!
做到了！
睡覺
會彈了！我會彈了！
在做夢期間，海馬迴會確認手指的活動方式，所以起床後，便能流暢的彈奏。
喂！
一直睡覺也不可以喔！這樣會回到原點，因為訊息根本沒進來啊！
好！那我要一直睡覺，這樣能力就會提升了！

好好學習也好好睡覺

按部就班！分散學習

假設三天後有一個重要的考試。你會在三天前就開始讀呢？還是會在考試前一天一口氣全部讀完？

分成小部分慢慢讀叫做「分散學習」，一口氣全部讀完叫做「集中學習」。你覺得哪一種學習方式，在考試中可以得到比較高的分數呢？

答案是不管哪一種，分數都差不多。如果考試只有一次的話，用哪一種學習方式來讀書，成績沒有太大差別。

一口氣！集中學習

但是，如果隔一天再進行一次一樣的考試，結果是按部就班讀書的人，成績會比較好。也就是說，「分散學習」忘記的速度比「集中學習」慢。

這是因為按部就班讀書時，每睡覺一次，海馬迴就會整理訊息。

都把東西記起來了，忘記的話多可惜，所以讀書還是「按部就班」來讀吧！

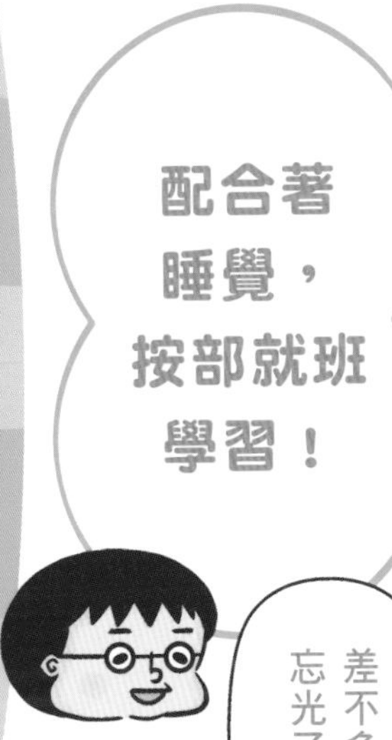

想背書就在晚上睡覺前背

早起讀書的人叫「晨型人」，晚上睡前讀書的人叫「夜型人」。你是哪一種呢？

其實，大腦在早上與晚上的運作方式是不一樣的。所以，不管是早上讀書，還是晚上讀書，最好確定一下要讀的內容。

如果是像生字和縣市名稱等需要「背」的內容，晚上讀比較好，因為讀完書馬上就到睡覺時間，海馬迴會整理你記住的東西。

相反的，如果在早上讀要背的東西，到晚上睡前會看到、聽到、使用到很多別的東西，就會在大腦中塞進很多訊息。所以早上讀書的話，比起讀要「背」的東西，不如讀可以「思考」的東西。

如果早上背書會怎麼樣？
早上6點
海馬迴
訊息進來了！

晚上9點
咦……生字的訊息在哪裡？
這就是我小時候……
早上10點
昨天你有看電視嗎？
看了看了
吃
吃
中午12點
頂
傍晚4點
到睡覺之前如果隔了一段時間，
就會有其他訊息進入大腦中喔！

選好每個科目適合讀書的時間，訂個讀書計畫吧！

一天之中，其實有「適合學習某種內容」的時間。

晚上睡覺之前的時間，最好是讀「要背的內容」。相反的，好好睡覺之後起床的早上，大腦清晰，就適合寫計算題或作文等「要思考的內容」。

吃飯之前，肚子餓的時間也適合讀書。相反的，吃完飯之後，肚子很飽時，不如做些自己喜歡的事情，舒服的度過那段時間。

好好利用大腦和海馬迴的運作，訂個讀書計畫吧！

早上6點

早上6點

早起時念「要思考的內容」

早上適合讀「要思考的內容」，可以安排做數學、國語的題目，也推薦在早上的時間閱讀一本書喔！

弱肉強食

什麼時間讀書
比較好呢？

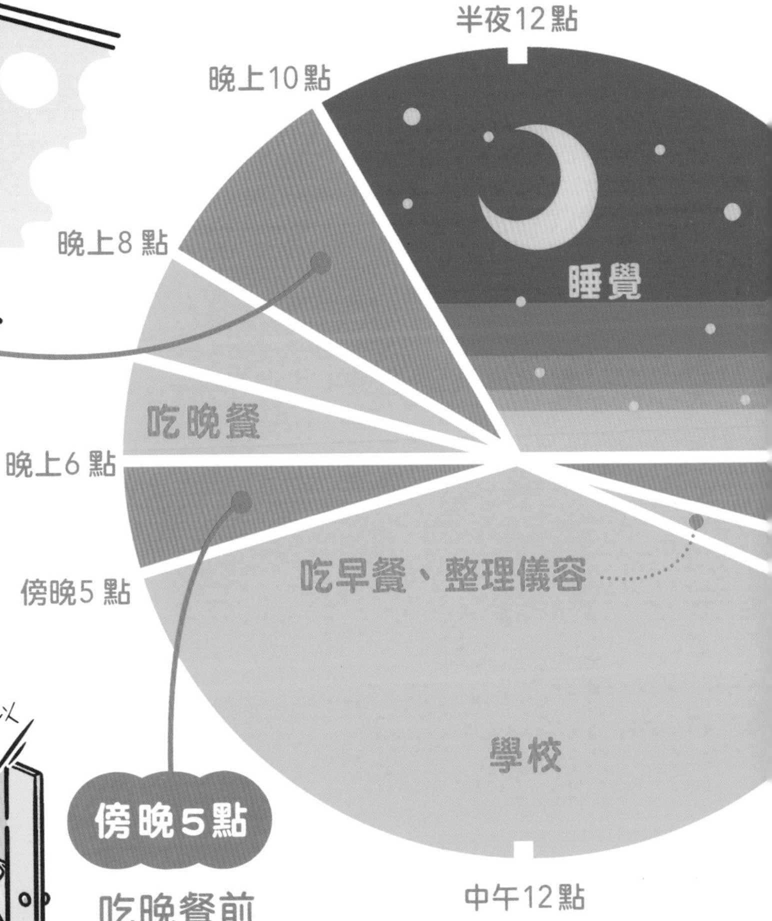
半夜12點
晚上10點
睡覺
晚上8點
吃晚餐
晚上6點
傍晚5點
吃早餐、整理儀容
學校
中午12點

晚上8點

晚上睡前讀「要背的內容」

晚上睡覺前是最適合「背書」的時間，如背課文和英文單字等。背起來之後，在忘掉之前趕快睡覺吧！

再30分鐘就可以吃飯了唷！
哇！在那之前要讀書了！

傍晚5點

吃晚餐前寫完作業

還記得第五十頁介紹的「獅子學習法」嗎？在晚餐前肚子餓的時候，是讀書的最佳時間，寫作業的效率也會提高。

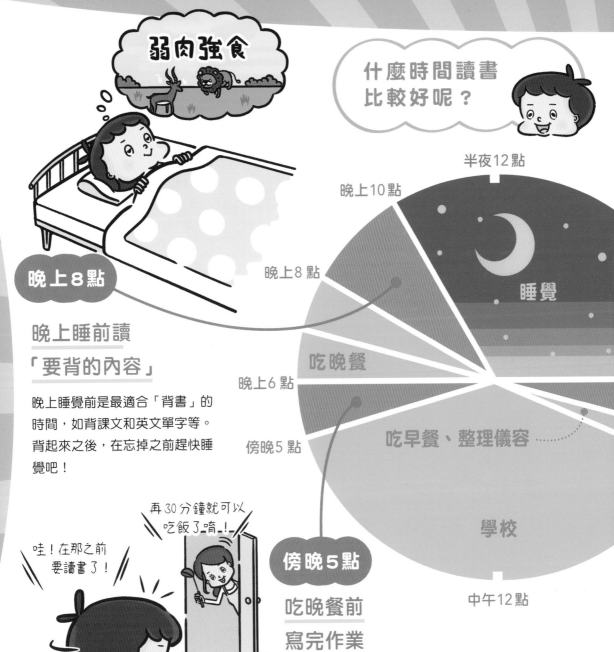

特別附錄

打造充滿幹勁的大腦

「幹勁」不會說來就來，而是要自己找出來

明明就一直等著你……
依核
幹勁
幹勁先生還不來呀……
發呆——

如果一直等待幹勁來……

只是閒閒無事的等待幹勁來，不管過多久，「依核」都不會運作，幹勁也不會過來。

誰都會有「今天好像沒什麼幹勁」的時候吧！

就算你知道一些很厲害的記憶招式，或者訂定了很完美的讀書計畫，如果沒有幹勁，就沒有意義了。那麼，在你等待幹勁來之前，就只能等待嗎？

這是不對的！

幹勁不是要「等他來」，而是要自己「找出來」！

幹勁先生，我來迎接你了！
等你好久了！
發威
發威
發威
MAX
依核
幹勁
充滿活力

如果去迎接幹勁……

首先開始做該做的事情吧！然後「依核」就會開始運作，做了十分鐘後，就會產生幹勁喔！

幹勁是在大腦的正中央，由一個叫做「依核」的地方製造出來。如果一直不做任何事情，依核是不會運作的。它要感受到身體和心情的起伏才會運作。

所以，幹勁不會自己來是理所當然的。只要不開始行動，就不會出現幹勁，而只要開始行動，依核就會慢慢產生幹勁。

「沒有幹勁」是沒有開始行動的人的藉口。幹勁不是用等待的，自己去找出來才最重要。

產生幹勁的四個祕訣

產生幹勁，首先要進行的事情。本章將在最後介紹四個馬上就能做到的祕訣。

祕訣 1 按照訂定好的流程進行

決定好「等到了〇點就要開始做」之後，就不要東想西想，直接按照決定好的時間進行！只要開始進行了，自然就會提起幹勁。

迅速
闔上
啊！讀書時間到了。

不知道做不做得到，但不管怎樣先開始進行的人，比起那些說著：「好，要讀書了！」下定決心才要開始做的人，成績多了將近二倍喔！

祕訣 2 結合生活習慣

把要做的事情結合生活習慣，比較容易進行。例如，你決定好「在刷完牙之後，要記住三個生字」。過一陣子，你就會發現如果在刷牙的時候沒有把生字記起來，心裡會覺得哪裡怪怪的。如此一來，記住生字就會成為你生活習慣的一部分。

每天早上的習慣！
印
染
傳
套餐組合

祕訣 3 設定長時間的讀書計畫

比起設定每天要讀什麼，設定每月和每周等長時間讀書計畫的人，成績提升比較多。

設定好長時間的計畫之後，你可以像這樣寫出「早點回家的日子」、「上才藝班會晚回家的日子」、「學校沒有上課的日子」，用這樣的模式訂定讀書計畫。

但是，也有人比較適合短時間的計畫，試試看哪種方法比較適合自己吧！

這個月的練習題也差不多做一半了。
嗯嗯
15
8月
四
4
練習題

祕訣 4 對學習感興趣

你讀書的理由是什麼呢？

事實上，比起用「想獲得好成績」的理由讀書，不如用「獲得新知很開心」的理由來學習，對學習的事物本身感興趣的人，就會有源源不絕的強烈幹勁。當然，這也會在成績上獲得好結果。

不要太在意考試，先對眼前的學習產生興趣吧！

把它畫成圖表就很好懂了！
興奮
興奮
興奮
興奮

小伸終於考一百分了

噹～噹～
噹～噹～
學校教室
接下來，我們要來發國語小考的考卷嘍！
一百分的人，我會給你一張小花貼紙，請把小花貼紙貼在小花統計表上。
小花表
山本
吉田
中村
田中
鈴木
田中陸同學
有！
下次再加油喔！
中村幸同學
有！
再加油一點喔！
間田伸同學
有！
你很努力喔！這次考一百分了！
啊！
100 間田伸
好厲害～
聽說這次只有一個人滿分
小伸
心跳
心跳
心跳
心跳
心跳

回家的路上
終於考一百分了！
啊！看這個樣子一定是賀也老師又躲在這裡……
偷笑
偷笑
嚇！
騙你的
嗨！
居然從天而降！
我在這裡！
咦？

老師！你看這個！
很棒很棒
喔！這不是考一百分了嗎！
這都是靠老師教我適合大腦運作的方法，每天一步一步好好讀書得來的！
你很努力呢！
但沒有讀得太辛苦啦！
成長了呢！小伸
注視
不過，一開始我還以為老師是怪叔叔唷！
跌倒
接下來就沒有我出場的機會了吧？
咦？之後見不到你了嗎？
啊！好痛
對呀！世界上還有很多需要我去幫忙的孩子在等著我。
失落

沒問題的！這個一百分不是我幫你考到的，是你靠自己做到的！
老師……
嗯！說的也是……
我要相信自己！接下來，也繼續努力！
啊……才四十分……我明明很努力讀書了……
失落
失落
失落
失落
失落
嗨！
啊！

劇終

監修／池谷裕二

1970 年生。日本東京大學藥學部教授。大腦研究學家。1998 年在東京大學研究所藥學系研究科取得藥學博士學位，專攻領域為神經生理學，特別是透過海馬迴探究大腦的健康。從2018 年起在ERATO研究機構擔任大腦AI（人工智慧） 融合專案的負責人，目標是使用AI晶片大腦移植拓展人類新智能。

獲獎無數，包括日本文科部科學大臣表彰年輕科學家獎、日本學術振興獎、日本學士院學術獎勵獎等。著作有《提高智能的大腦旋轉練習》（三采）、《大腦專家親身實證的早期教養法》（時報）、《大腦跟你想的不一樣》（台灣東販）等。

翻譯／陳雯凱

喜愛遨遊在文字海洋裡，探索未知新世界，用指尖上跳躍的譯文搭建橋梁，讓讀者通行無阻。譯作有 《0～3歲給對愛就不怕寵愛》、《神解！一點就通・中學理科拿高分》、《我的數學拿高分》等。

- 繪圖／OZEKI IZAMU
- 書籍設計／釣卷設計室（釣卷敏康 池田彩）
- 協力編輯／今井美榮子
- 企畫／日本圖書CENTER
- 編輯／日本圖書CENTER（小菅由美子）

廣泛閱讀

啟動聰明學習腦：東大教授專為小學生編寫活用大腦學習法

監修／池谷裕二　繪圖／OZEKI IZAMU　翻譯／陳雯凱　審訂／謝伯讓（台灣大學心理學系暨研究所副教授）

總編輯：鄭如瑤｜主編：詹嬿馨｜美術編輯：翁秋燕｜行銷副理：塗幸儀

社長：郭重興｜發行人兼出版總監：曾大福｜業務平臺總經理：李雪麗｜業務平臺副總經理：李復民
海外業務協理：張鑫峰｜特販業務協理：陳綺瑩｜實體業務經理：林詩富｜印務經理：黃禮賢｜印務主任：李孟儒
出版與發行：小熊出版・遠足文化事業股份有限公司
地址：231 新北市新店區民權路 108-2 號 9 樓｜電話：02-22181417 ｜傳真：02-86671851
劃撥帳號：19504465 ｜戶名：遠足文化事業股份有限公司｜客服專線：0800-221029 ｜客服信箱：service@bookrep.com.tw
Facebook：小熊出版｜ E-mail：littlebear@bookrep.com.tw
讀書共和國出版集團網路書店：http://www.bookrep.com.tw
團體訂購請洽業務部：02-22181417 分機 1132、1520

法律顧問：華洋法律事務所／蘇文生律師｜印製：凱林彩印股份有限公司
初版一刷：2020 年 11 月｜初版二刷：2021 年 1 月｜定價：330 元｜ ISBN：978-986-5503-83-3

BENKYONO NO TSUKURIKATA OYAKODE MANABO! NO NO SHIKUMI TO SAIKYO NO BENKYOHO
Supervised by Yuji Ikegaya
Illustrated by Isamu Ozeki

小熊出版讀者回函　小熊出版官方網頁

國家圖書館出版品預行編目 (CIP) 資料

啟動聰明學習腦：東大教授專為小學生編寫活用大腦學習法 / 池谷裕二監修 ; OZEKI IZAMU 繪 ; 陳雯凱翻譯 . -- 初版 . -- 新北市 : 小熊出版 : 遠足文化發行 , 2020.11
80 面 ; 21x19 公分 . -- (廣泛閱讀)

譯自 : 勉強脳のつくり方 親子で学ぼう！脳のしくみと最強の勉強法

ISBN 978-986-5503-83-3(平裝)

1. 學習方法 2. 健腦法

544.75　　109012870